तुम बिन

नीरज कुमार मिश्रा

AF519529

SPI PUBLICATIONS

This is a work of fiction. Names, characters, organisations, places, events, and incidents are either products of the author's imagination or are used fictitiously. Any resemblance to actual persons, living or dead, or actual events is purely coincidental. Mentions to use and connection with Indian Scriptures is completely fictional, no intentions to harm the sentiments of people were done. Author highly respects the cultural values, traditions and customs of the people and the society.

Published by **SPI Publications**, www.spipublications.in

SPI, the **SPI logo**, and **Split Poetry India** are trademarks of **SPI Publications**, or its affiliates.

ISBN-13: 978-93-49860-01-8
ISBN-10: 93-49860-01-8

First Edition 2025

SPI Publications

Corporate & Editorial Office
117/2, Sector 37, Khandsa Road,
Gurgaon, Haryana 122 001
Phone: +91 98355 52940
Email: contact@spipublications.in
Website: www.spipublications.in

Processed and Printed in India

Contents

प्रस्तावना

ये किताब उस प्रेमिल एहसास का भावनात्मक चित्रण है, जो दिलों को एक-दूसरे से जोड़ता है। यह वह अदृश्य धागा है, जो प्यार के माध्यम से हमें एक दूसरे से बांधता है। इस किताब में आपको मिलेगा एक ऐसे सफर का अनुभव, जहां दिल की बातों को शब्दों में उतारा गया है, और भावनाओं को सजीव किया गया है।

प्यार, वह गहरी भावना है जो समय और स्थिति से परे होती है। यह केवल दो लोगों के बीच का संबंध नहीं, बल्कि यह पूरी दुनिया को एक दूसरे से जोड़ने की शक्ति रखता है। इस किताब में प्रेम के विभिन्न रंगों को चित्रित किया गया है, जिसमें खुशियों के साथ-साथ ग़म भी हैं। इस किताब में जिक्र है प्यार, मोहब्बत और ईश्क के उस जादू की है, जो कभी हमारे जीवन में होता है और हमें एक नए दृष्टिकोण से दुनिया को देखने का मौका देता है।

आइए, इस किताब के साथ एक नई शुरुआत करें, जहां हर पल रंग बदलती इस दुनिया में प्रेम एक नए एहसास का रूप लेता है और प्यार की खूबसूरत परिभाषा हमारे दिलों में बसी रहती है।

मैं करुं इंतजार तेरा

आज सफर के दौरान यूं ही पलट रहा था डायरी के पन्ने.. बस समय काटने के लिए..कि अचानक सामने आया वो पृष्ठ जिसके सामने आते ही दिमाग अतीत के गलियारों में पहुंच गया.. याद आने लगे वो सारे लम्हें जिनमें तुम थीं ,मैं था और था हमारा साथ। हम दोनों का साथ मानो एक अटूट बंधन सा था..जुदा होने का विचार दूर दूर तक भी नहीं आता था। तुम्हारे साथ दिन कैसे गुजर रहा था पता ही नहीं चल रहा था। हर गुजरते दिन के साथ हमारा संबंध प्रगाढ़ होता चला जा रहा था। हम दोनों एक दूसरे के पूरक हो चले थे। तुम्हारे बगैर जीने की कल्पना असंभव सी लगती थी मुझे। पर हमारे इस परवान चढ़ते हुए प्यार को शायद किसी की बुरी नजर लग गई थी। तुम्हारे घरवालों ने अपने पसंद के किसी लड़के से तुम्हारी शादी तय कर दी।मुझे पूरा उम्मीद ही नहीं बल्कि यकीन था कि तुम इस शादी के लिए मना कर दोगी। पर सामाजिक और पारिवारिक दबाव में शायद तुम टूट गई थीं। हमारा अंतर्जातीय होना भी शायद हमारे विरोध में गया। एक अंतिम खत लिख तुम चली गए मेरे जीवन से.. अच्छी तरह याद है मुझे तुमने लिखा था कि- मेरे संस्कार मुझे मेरे माता-पिता के फैसले के खिलाफ जाने से रोकते हैं इसलिए तुमसे बेपनाह

मोहब्बत के बावजूद मैं तुमसे शादी नहीं कर सकती। मैं भी सोचता ही रह गया क्या यही प्यार है..कहाँ से ये बेशुमार है। पर शायद नियति की यही पुकार है। उस दिन से हमारी राहें अलग अलग हो गई। तुम्हारा तो मैं समझ नहीं पाया पर मुझे मेरे प्यार में कोई तमाशा नहीं चाहिए था और गर अपने अभिवावक के फैसले में ही तुम्हारी भी रजामंदी थी तो यही सही। खैर तुमने वही किया जो तुम्हें ठीक लगा और जो शायद तुम्हारे हिसाब से सही भी हो। खैर वो तुम्हारी बात, तुम ही जानो पर मैं दुबारा मोहब्बत की राह नहीं पकड़ पाया। आज भी मेरे यादों में ही सही पर आती तो तुम्हीं हो, दूसरे किसी के लिए इस जीवन में तो जगह नहीं बन पाई है न ही बनेगी। मेरे लिए शायद यही प्यार है...जिसमें तुम ही तुम बेशुमार हो ,,पहले भी.. आज भी और शायद हमेशा तुम ही रहोगी।वो एक पन्ना ही शायद मेरी जिंदगी है जो तुमसे मिला था मुझे। जीवन में हम किसी न किसी से जुड़ ही जाते हैं और ये जुड़ाव हममें मोह लाता है। तुमसे जुड़कर मैं भी तो मोहग्रस्त हो गया था। तुम्हारी कामना में आकंठ डूबा मैं भूल गया था कि कुछ भी शाश्वत नहीं इस दुनिया में। मेरा-तुम्हारा साथ भी नहीं। फिर भी ख्वाहिशें हैं कि खत्म ही नहीं होतीं। तुमसे इतर कुछ सोच भी तो नहीं पाया मैं। अब भी मेरा हर वक्त इसी उम्मीद में गुजर रहा है मानो हम-तुम हमेशा हमेशा के लिए साथ ही रहेंगे। छोटे से मेरे दिल में एक स्वार्थ भर गया है तुम्हारे लिए। पर तुमने तो अपना मुकर्रर वक्त लिया और निकल गई मेरी छोटी सी दुनिया से, मैं बस देखता

ही रह गया।तुम्हारी प्रतीक्षा में पथराई हैं आँखें मेरी ।मेरी सूनी आंखें कर रही हैं इंतजार तुम्हारा..क्यों ..पता नहीं

हुआ क्या है
कुछ भी नहीं
दिल ही तो टूटा है
ख्वाहिशें ही तो बिखरी हैं
इतना तो होता है
मोहब्बत में अक्सर
खुशियों पर लगा है ग्रहण
महबूब से हुई है जुदाई
जीवन में आई है तन्हाई
रातें कटती हैं अब जगकर
नींद ने भी है दूरी बनाई
खुद को गँवाया है
किसी अपने ने रूलाया है
बस यही तो फलसफा है
मोहब्बत का दुनिया में
बाकी खेल-तमाशे के
सिवा कुछ भी नहीं...

जाने क्या है तुममें

मैंने तुम्हें बहुत सहजता से स्वीकारा था, समाज, समय ,,सब सीमाओं से आगे, क्योंकि मैंने तुम्हें अपना दोस्त माना था.. हममें ऐसा कोई और रिश्ता नहीं था, जिसे अक्सर मेरे तुम्हारे साथ होने पर लोग ढूँढ कर थोड़ा बहुत खुश हो लेते थे . हाँ ! वक़्त बीता, मै तुम्हे पसंद करने लगा..शायद अब कोई नया रिश्ता बनने की गुंजाइश थी..लेकिन कुछ तो था शायद "प्रारब्ध" इसे ही कहते हैं.. हमारे तुम्हारे रास्ते अलग हो गए ..आज जाने क्यों तुम ही तुम याद आ रही हो.. पता भी है तुम्हें मेरे मन में जाने कैसा ख्याल आ रहा है..जी करता है अंताक्षरी खेला जाए.. पर किसके साथ.. तुम आ जाओ ना..फिर से हम अपनी जुगलबंदी दुहरायेंगे..मैं सैड सांग चुनूंगा और तुम मुझे टोकना.. जिंदगी इतनी भी नीरस नहीं जितना तुम समझते हो.. फिर मैं तुम्हारे सौंदर्य में डूब प्रेम गीत गाऊंगा और तुम फिर से मुझे टोकना.. अपने चारों तरफ देखो, मुझसे बाहर भी दुनिया है, लोग हैं, बहार है, आनंद है, खुशी है.. और मैं जिसे तुम्हारे सिवा और कुछ न दिखता है, न समझ आता है.. करूँ भी तो क्या करूँ.. मेरी तमन्नाओं की तकदीर तुम सँवार दो..क्योंकि तुम ही हो,,अब तुम ही हो जिंदगी तुम ही हो..मेरी जिंदगी में आते तो कुछ और बात होती ..ये रंगीन जिंदगी तो रंगों से सजकर भी रंगहीन हो गया.. मेरी जिंदगी में रंग

भरने, मुझ संग अंताक्षरी खेलने आ रही हो ना तुम..आ भी जाओ कि इंतजार की घड़ियाँ कुछ ज्यादा ही लंबी हो गई हैं..मैं तुमसे अलग होकर भी अलग हो नहीं पाया..आज भी अधूरा ही हूँ मैं .. तुमसे कुछ कहना चाहता हूँ मैं ..मुझे जिंदगी के तमाम उजड़े रास्ते मुबारक, तमाम बेचैनियाँ मुबारक...पर तुम्हे हँसी खिलखिलाहट से भरी सुकून वाली जिंदगी मिले...तुम पूरी रहो इतने भर से मुकम्मल हूँ मैं.........

जाने क्या है तुममें

जो भरी दुनियां में एक तुम ही नजर आते हो,

मुझसे दूर होकर भी तुम हर पल करीब आते हो,

दरम्यां कुछ भी तो नहीं हमारे फिर भी जाने ये कैसी डोर है,

जानता हूँ कईयों को फिर भी मन मेरा भागता

बस एक तेरी ओर है..

ऐसा भी क्या है तुझमें

जो मन सिर्फ तुमसे ही मिल पाता है,

भूल जाता हूँ सारी दुनिया की बातें मैं ,

मगर तुझसे जुड़ी हर बात याद है,

ऐसा क्या है तुममें जो बस तुम्हारे ही पास है...

ओ साथी रे तेरे बिना

मेरी जिंदगी में तुम आई ,आते ही मेरे मन-मस्तिष्क पर छा गई..साथ अपने कितने ही सपने दिखा गई .. मेरे हृदय पटल पर सुंदर पुष्प खिला गई..और फिर एक दिन मुझे तन्हा छोड़कर चली गई..मेरे तसल्ली सिर्फ इतने से की कुछ वक्त तो मेरे साथ गुजार गयी..जानती हो तुम्हारे बिना जिंदगी पहले जैसे नहीं रही.. मैं जी रहा हूँ.. पर थोड़ा थोड़ा मर रहा हूँ.. मुझे पता है तुम्हें आता है जीना..तुम्हारे हाथों का वो जादुई स्पर्श आज भी जिंदा है मेरी नस-नस में..तुम्हारी शख्सियत की तारीफ के लिए शब्द हमेशा कम पड़ते थे मुझे ..फिर भी जब तुम मुझसे अपनी तारीफ सुनकर अपने रूई जैसे अंगुलियों से मेरे बाल बिगाड़ देती तब तुम्हारे आँखों में वो तैरती शरमाहट देख मैं जिस अहसास से भर जाता था..अहसास-ऐ-दिल आज भी वहीं है..कभी कभी सोचता हूँ कि वो कौन सी गर्माहट है, जिससे रिश्ते मुकम्मल होते हैं। और वो कौन सा पल होता है, जिससे रिश्ते खत्म हो जाते हैं। पर मुकम्मल जवाब नहीं मिलता...कितना कुछ तो सोच रखा है तुम्हें बताने को कि तुम आओ तो...एक खामोश वीरान रात, कोई नहीं है साथ, ना किसी के साथ की है ख्वाहिश....मगर इस तन्हाई में भी,तुम्हारी यादों का काफिला साथ है...पास ना सही तुम पर तुम्हारे होने का एहसास तो साथ है..तुम्हारा

तुम बिन

एहसास जो मुझे भीड़ में भी तन्हा कर जाता है और तन्हाई में भी महफिल सजा जाता है..सच,बड़ा प्यारा एहसास है ये..तुम्हारे प्यार का एहसास..वो पाकीजगी और शिद्दत से भरी चाहना...प्यार, ईश्क और मोहब्बत इनसे रूबरू होना..तुम्हारा ही तो कमाल है...तुम्हारी नहीं नहीं हमारी मोहब्बत आबाद रहेगी इन्हीं एहसासों में..याद है तुम्हें हमारा वो छत पर छुपकर मिलना फिर घंटों तक बातें करते हुए चाँद को निहारना..टूटते तारों को देखकर अपनी मुहब्बत के लिए विश करना.. याद है कई बार हम-तुम बस खामोश बैठे रहते थे और खामोशियाँ बातें करती थी...पर अब जो खामोशी है वो बातें नहीं करती. ..

ऐ काश कहीं ऐसा होता
ऐ काश कहीं वैसा होता
कितनी काश भरी हो गयी है
ये जिंदगी मेरी
हर काश का जवाब तुम हो,
काश तुम ये जान पाती
जीवन को मेरे महकाती
काश कि तुम फिर आ जाती

तेरा इंतजार

जानती हो "जान मेरी" मेरे लिए तुम्हारा होना भर कितना मायने रखता है... पर अब जानने ना जानने का तो कोई मतलब ही नहीं रह गया ना.. मेरे अरमानों के पंख लगाकर तुम तो उड़ गई हंसिनी मेरी..मैं ही रह गया मुझमें सिमटता हुआ.. अब तो बस तुम्हें बताना चाहता हूं कि किसी के न होने पर भी उसका ही होकर रहना कितना कमाल लगता है..मेरे वजूद का हर कतरा तुम्हारे अहसासों से इस कदर डूबा हुआ है कि मुझे थोड़ा भी ध्यान नहीं आता कि तुम तो कब की जा चुकी हो मेरे जिंदगी से...तुम दूर हो कर भी मेरे कितने करीब हो ये मुझसे बेहतर भला कोई कैसे जान सकता है...पर कुछ सवाल हैं जिनका मेरे पास कोई जवाब नहीं है..मेरी किस बात से तुम हर्ट हुईं या मेरे किस कदम ने तुम्हें ऐसा करने पर मजबूर किया ,आजतक समझ नहीं पाया मैं... क्यों आखिर क्यों नहीं रूकीं तुम मेरे जीवन में..इस प्रश्न का कोई उत्तर नहीं है मेरे पास... मैंने तो हमेशा तुम्हें ही चाहा, सिवा तुम्हारे और कुछ नहीं चाहा था..तुम्हारी मासूमियत पर इतराता था.. तुम पर ही सब कुछ अपना लुटाता था..पर वो कहते हैं ना कि कुछ आस और काश शायद कभी पूरे नहीं होते..मेरी बेमकसद सी गुजरती जिंदगी को एक मकसद देने वाली.. भीतर से खाली टूटते-बिखरते को संवारने वाली..जिसके लिए स्वयं को एक नया रंग देने

लगा मैं.. अपने ढंग बदलने लगा मैं..जिसके साथ जीवन में नये सपने देखने लगा मैं... ख्वाबों की एक अलग ही दुनिया बसाने लगा मैं ..वो इस तरह से चली जाएगी मुझे तन्हा छोड़कर .. यकीन से परे है ये तो.. आज भी कानों में गूंजती है तुम्हारी आवाज संगीत के धुन की तरह.. मैं सपने में भी तलाशता हूं तुम्हारी खुशबू .. नादानों का जीना मुक्कमल हो इसलिए दुनिया में मोहब्बत फैलाया ईश्वर ने और मुझ नादान को इसका बेहतरीन अहसास हुआ तुमसे..फिर इन सारे मीठे जादूई अहसासों से मुझे रुबरु कराकर खुद दूर हो गई मुझसे..कहां तक सही है ये तुम्हीं बताओ जरा....हमनफस मेरे ये सारी बातें अंदर ही अंदर कितनी ही बार दोहराता रहा हूं मैं...तुम्हारे जाने के बाद सच में अकेला पड़ गया हूं मैं.. मुझे जिसे चाँद-तारे देखना पसंद है..आसमां को घंटों निहारना जिसका पसंदीदा शगल है..जो सुबह की लालिमा और सांध्य बेला के अस्त होते सूर्य की किरणों में सुकून ढूंढता है..उस जागती आंखों से सपने देखने वाले को तुम्हारा इंतजार है आज भी..

तुम्हारी उपस्थिति मात्र से
फिजा में आ जाती थी बहार
हवाओं में फैल जाती थी
इत्र सी महक
और गुनगुना उठती थीं
पेड़ों की पत्तियाँ,

तुम बिन

सारी दुनिया लगती थी अपनी

होता था अपने अस्तित्व की

पूर्णता का एहसास,

आज अधूरा हो गया हूँ मैं

तुम्हारे जाने के बाद...

लौट आओ कि

खिजां को है

बहार का इंतजार...

मेरी साहिबाँ

यकीन मानो सीख जाओगे धीरे धीरे मेरे बगैर भी जिंदगी गुजारना.. विश्वास करो मेरा, कोई प्रेम काफी नहीं होता उम्र भर के लिए .. तसल्ली रखो जिंदगी सुखद बदलाव चाह रही है तुम्हारे लिए.. भरोसा रखो तुम्हारा टूटा दिल मेरी यादों को भुलाकर फिर से जुड़ जाएगा किसी और के साथ ..यही सब कहा था ना साहिबाँ तुमने मुझे अपने आखिरी मुलाकात में..सच में ऐसा कुछ होता है क्या ? तुम तो कितनी आसानी से मुझे दिलासा देकर चलीं गईं अपनी नई दुनिया में..मेरा क्या होगा, कैसे रहूंगा मैं तुम बिन..एक बार भी आया कि नहीं तुम्हारे अंदर मुझे नहीं पता..पर मैं सच में तुम्हारे बिना नहीं रह सकता. मुझे अपने आप पर हंसी आती है, मैं तुम्हारे लिए रोता हूँ, किलसता हूँ और अपनी नादानियों पर पछताता हूँ.. क्यों जाने दिया तुम्हें खुद से दूर, यही सोचता रह जाता हूँ.. मेरे लिए तुम एक जीवनदायिनी सांस थी..लेकिन तुम्हीं ने बेसांस भी कर दिया.. जब लग रहा था कि मैंने खुद पर काबू कर जीना सीख लिया है.. तभी तुमने ये कहर सा ढा दिया मुझपर.. तुम्हारे साथ सा सुकून कहाँ मिलेगा मुझे दुनियादारी में..जब तुम मेरे साथ होती थी तो मुझे लगता जैसे समय विलीन हो जाता था और अब लगता है जैसे समय गुजर ही नहीं रहा हो.. अपने

तुम बिन

इन तकलीफों को कहां रख आऊं मैं, तुम्हीं बताओ ना मेरी साहिबाँ..
अब लगता है कि काश उस वक्त मैंने तुमसे कहा होता........

थोड़ी दूर तो साथ चलो
लम्हा वक्त का थाम चलो
हाथों में लेकर हाथ चलो
क्षण पल गुजर रहे हैं जो
इनको लेकर साथ चलो
बातें खत्म न हो जहां
मुलाकात को इस मुकाम तक ले चलो
थोड़ी दूर तो साथ चलो
सफर ये तन्हा न हो जाए कहीं
जिं◌ंदगी के आखिरी मोड़ तक साथ चलो

अप्रैल फूल

अप्रैल फूल डे याद है तुम्हें.. साथ ही तो मनाया था हमने..सुबह सुबह मुझे खबर भेजवा दी कि तुम्हें देखने लड़के वाले आ रहे हैं.. मेरे तो जैसे काटो तो खून नहीं वाली हालत थी..क्या करूँ कैसे करूँ जो न हो ये सब..दिल दिमाग दोनों तेजी से धड़क रहा था.. और कोई उपाय न सूझा तो मैं सीधा पहुंच गया तुम्हारे घर.. तुम कहीं नजर नहीं आई, सीधा अंकल (तुम्हारे पापा) के पास गया और उनसे बिना किसी लाग लपेट के तुम्हारा हाथ मांग लिया अपने लिए.. हतप्रभ से रह गए वो भी और बोले तुम्हें पता भी है क्या बोल रहे हो तुम..और मैं उनसे अनुरोध कर रहा था कि अगर "श्री" की शादी करनी ही है तो मुझसे करिए.. आज जो भी उसे देखने आ रहे हैं उन्हें मना कर दिजीए.. कौन आ रहा है, क्या कह रहे हो ,तुम्हारा दिमाग तो ठिकाने पर है, अंकल बोले..तभी मुझे पर्दे की ओट में झांकती तुम दिखी और तुम्हारे चेहरे पर तैरती वो शरारती मुस्कान, जिससे पल भर में मेरी समझ में सारी बातें आ गई..मैं अब कर भी क्या सकता था.. अप्रैल फूल पर मैं तो मूर्ख बन चुका था.. पर इस मूर्ख ने उसी वक्त निर्णय लिया की अब जो हुआ सो हुआ पर आगे ऐसी कोई स्थिति न आए इससे बेहतर है कि कुछ बातें साफ साफ कर ही ली जाए.. और फिर वो अं◌कल से कहना कि मैं तुम्हें चाहता हूं और तुमसे ही शादी करना चाहता हूं..

धैर्य की तारीफ तो अंकल की भी करनी होगी कि उन्होंने मेरी बात सुनी भी पर अपना निर्णय भविष्य पर टाल दिया ...तो उन्होंने कहा कि ऐसी बातों के लिए तुम थोड़ा समय दो और बाकी तो तुम्हें पता ही है.. शाम को हम तुम मिलने ही वाले थे पर.....?.. पर आज लगता है कि काश उस दिन अंकल हामी भर ही देते तो कितना अच्छा होता.. आज कितने अप्रैल गुजर गए तुम बिन.. फिर भी मैं नहीं भूल पाता वो अप्रैल फूल, क्योंकि नियति ने तो उस अप्रैल को ही फूल (मुर्ख) बना दिया था मुझे.. आज भी तुम बिन जी तो रहा ही हूँ, सहारा बस तुम्हारी यादें ही रह गयीं हैं.. और उन यादों की खूबसूरती का अहसास कुछ ऐसा है की उनको खुद से दूर जाने की इजाजत भी नहीं देता.. तुम बिन कुछ कहाँ मैं, तुम हो जहाँ बस वहाँ मैं...।।

तुमसे पहली मुलाकात इत्तेफाक

बढ़ गई मेलजोल इत्तेफाक

पर होकर जो रह गया प्यार

बना लिया जो तुमने

दिल में मेरे अपना घर-बार

क्या कह सकता हूँ इसे इत्तेफाक

काश तुमसे जुदाई का होता नहीं इत्तेफाक

समझा पाता दिल को अपने

तुम्हारा अब ना होना है बस एक इत्तेफाक..

तन्हा जीवन

जिंदगी से उबा हुआ इंसान.. हाँ ठीक यही शब्द गूंज रहे हैं मेरे कान से दिमाग तक... क्या सच में उब गया हूँ मैं जिंदगी से या कोई है जो मुझमें होकर भी मेरा नहीं.. कभी कभी लगता है तुम्हारे बिना जिंदगी के मायने टटोलते हुए एक खोल में सिमट सा गया हूँ मैं..खुद की तलाश है पर अंदर न होकर बाहर की जिंदगी में जिसकी वजह से स्वयं से दूरी बढ़ रही है.. चाहता क्या हूँ समझ नहीं आता.. एक अजीब सी बेचैनी, एक बेसबब तड़प, अनकही सी टीस से भर गया है मेरा वजूद.. क्या सचमुच जिंदगी जीना इतना दुरूह है या ये तुम्हारे संग ना होने का है असर.. या कुछ और ही बात है जो अट नहीं रही मेरे भेजे में..आसमान अब भी उतना ही बड़ा और नीला है जैसा पहले था, बारिशें अब भी भिंगोती हैं मुझे पहले सी.फिर ये बदला है क्या जिसकी मुझे खबर नहीं...तेजी से भाग रही है जिंदगी हर एक गुजरते लम्हे के साथ और स्टैच्यू सा खड़ा हूँ मैं किंकर्तव्यविमूढ़ सा अपने मजबूर लम्हों में..जिंदगी लगता है मैं अब तक समझ नहीं पाया तुम्हें..जाने कब होगी तुम्हारी समझ मुझे और कब छूटेगा ये मुझसे मेरे ही रूह के कत्ल की आदत और बाद में लिबास बदलकर दाग-ए-लहू छिपाने की फितरत..जिंदगी के मेले में तुम बिन हूँ मैं अकेला.. काश तुम फिर से वापस आ जाती तो खत्म होता ये झमेला।।

सोनपरी

याद है मेरी सोनपरी...सोनपरी, हाँ यही तो कहता था मैं.. कितनी बार टोका तुमने कहाँ से आया तुमको मुझे इस नाम से बुलाने का विचार.. पर मैं भी था हठी बड़ा पुकारा तुम्हें इसी नाम से बार बार..खैर छोड़ो सच बताओ क्या है तुम्हें अब भी याद...छोटे से उस गाँव की गुमनाम सी झील का किनारा..वो शांत गहरी अमावस की रात..मेरा-तुम्हारा मिलना..हाथों में पकड़े एक दूसरे का हाथ..कहने सुनने को थीं ढेर सारी बात..पर पसरा हुआ था एक मौन और शब्द नहीं दे रहे थे साथ..इक्का-दुक्का टिमटिमाते तारों में कर रहे थे हम एक दूसरे के चेहरे की तलाश..प्रेम का अनगढ़ सौंदर्य ही तो था जो पा रहा था हमारी भावनाओं में विस्तार..मेरे उंगलियों में तुम्हारी उंगलियों का वो मृदुल स्पर्श ..तुम्हारे हाथों से ही नहीं हथेलियों के एक एक लकीर तक से परिचित हो रहा था मैं... मन गहरे उतर रहा था कहीं तुम्हारे आत्मा की नींव तक..तुम्हारा साथ, वो हाथों में थामा हाथ, ऐसा लग रहा था मानो अपने ही भीतर तुम्हें पा गया हूँ मैं..मैं तो अब तक बिसरा नहीं पाया ,क्या तुम्हें याद है मेरी सोनपरी हमारी वो मुलाकात...।।

तुम बिन

"सुनो" वो तुम्हारा बोलना..

"कहो" वो मेरा कहना..

'कहो' क्या भूल पाई तुम..

'सुनो' मैं तो बिसरा ना पाया..

प्रेमिल अहसास

यादें याद आती हैं.. उन गुजरे बीते लम्हों को दुहराती हैं..याद आता है हमारे प्रेम का वो शुरुआती दौर.आँखों ही आँखों के इशारे से आरंभ हुआ वो रिश्ता जो कब जोड़ गया हमें चुपके से.. पता चला तब तक तो प्रेमिल अहसास चरम पर पहुंच चुके थे.. एक दूसरे के साथ बिना जीवन जीना दुश्वार हो गया था.. वो इंटरनेट नहीं खतों का दौर था, प्रेम में पगे चिट्ठियों का दौर था.. अपने अहसासों को अल्फाजों को इनसे ही व्यक्त करते थे तब हम..उसी समय में एक दफे खत के साथ ही कुछ ताजे खूबसूरत फूल भी डाल दिया था मैंने तुम्हारे लिए.. और जब कुछ दिनों बाद मुरझाए हुए वही फूल वापस मिले मुझे तो पहले तो मुझे थोड़ा अजीब भी लगा, गुस्सा भी आया.. मेरे भावनाओं से भरे खत का अपमान लगा मुझे.. पर साथ में मिले खत को जब पढ़ा मैंने तो सब कुछ बदल गया.. गुस्सा काफूर हो गया.. प्रेमिल अहसासों में उफान आ गया.. आहा क्या पंक्तियाँ थीं वो- आज मैं हूँ, तुम हो ,ये इजहार-ए-प्रेम है..कल हम रहें ना रहें, तुम रहो ना रहो..ये हमारा ईश्क रहेगा हमेशा..एक प्रेमिल डोर में बँधे हैं हम..ये प्रेम डोर रहेगी हमेशा रहेगी........... कहने को कुछ शब्द भर थे पर उनका जादुई अहसास मैं अपने रोम-रोम में महसूसता हूँ आज भी..

तुम बिन

आज भी सहेज रखा है मैंने
तुम्हारे वो खत
कुछ दराजों में, कुछ किताबों में
आती है जिनके हर हर्फ से
तुम्हारी खुशबू
नुमायां होता है तुम्हारा चेहरा
उसे खोलते ही
दुहराने लगते हैं वो सारे पल
गुजरे थे जो तुम्हारे साथ
तुम्हारी वो मासूम हँसी
वो नाजो-अदा से कही बातें
और भी जाने क्या..
सब कुछ तो संजो रखा है
बस खो गई हो तुम ऐसे ही
पता नहीं कैसे...

दिल जो ना कह सका

बड़े ही मौज से कट रही थी जिंदगी.. दिन को तुम्हारा साथ और रात को तुम्हारे ही सपने सुहाने.. अहा क्या कहूँ मैं.. लगता था जैसे "आजकल पांव मेरे पड़ते नहीं जमीं पर" वाले गाने मेंं पर्दे पर रेखा जी की जगह मैं ही तो हूँ.. एक तुम्हारे होने भर से कितनी हसीन हो गई थी जिंदगी मेरी.. हरदम उत्साह से लबरेज रहता था मैं.. एक उमंग हमेशा हलचल सी मचाई रहती मुझमें.. कॉलेज के उन दिनों में हर चुनौती मुझे आसान लगती..तुम जो साथ थीं मेरे.. तुम्हारे बगैर भी जीवन हो सकता है ये तो मैंने कभी सोचा ही नहीं.. फिर अचानक से आया तुम्हारा वो निर्णय जिसने जिंदगी के दोराहे मेंं मुझे दुविधा में डाल दिया..अगर जीवन पथ पर आगे बढ़ने के लिए तुम मुझसे दूर जाने को ही तैयार थी तो एक बार तो बताती मुझे..मैं मेरे अरमानों को इतनी ऊँचाई देता ही नहीं कि तुम्हारे सिवा कुछ और सोच न सके..लेकिन अब क्या.. मैं जो अपनी दुनिया संजोए बैठा था तुम्हारे साथ उसका क्या करूँ..तुम तो अपने सपनों को पूरा करने चली गई मुझसे दूर.. बड़ी समझदार हो ना तुम.."बी प्रैक्टिकल" हाँ यही तो कहा था तुमने.. बहुत आसान है कहना ..पर मैं जो मूव ऑन न कर सका उसका क्या..तुम्हारे प्यार में अपना आस्तित्व खोकर मैं तो शून्य हो गया और तुम हो गई गतिमान.. खैर मेरी उम्मीदें अब भी

तुम्हीं से जुड़ी हुई हैं.. मेरे हर प्रश्न का उत्तर तुम ही हो और तुम्हारे हर सवाल का जवाब मैं ही हूँ..कहीं से उनको हो ये खबर कि मैं जाम से नहीं तुम्हारे नाम से टूट रहा हूँ..तुम बिन जाऊँ कहाँ ? कि दुनियाँ में आ के कुछ ना फिर चाहा कभी तुम को चाह के..

यूं तो कोई उम्र भर साथ नहीं देता मगर फ़िर भी।
हुश्न-ओ-इश्क यूं तो सब धोखा है मगर फ़िर भी।।

तुम्हारी खूशबू

याद है तुम्हें वो पार्टी वाली नाइट जो तुमने जामुनी गाऊन पहना था... जाने कौन सा बाडीस्प्रे, डियो, पाउडर या ईत्र क्या था पता नहीं.. पर एक भीनीभीनी सी सुकून का अहसास दिलाती खूशबू से घिरी हुई थी तुम... सुबह मैंने अपने ही हाथों से प्रेस कर वार्डरोब में रखा था..बहुत दिनों बाद नजर पड़ी है..थोड़ी पुरानी सी हो गई है.. धुलवाने का मन हुआ पर नहीं धुलवाई...उससे तुम्हारी खुशबू जो आती है। तुम बिन भी जी ही रहा हूँ मैं, बस तुम्हारी यादों से घिरा रहता हूँ..ये यादें ही तो याद रह गई हैं तुम्हारी..तुम तो आती नहीं। काश कि तुम आ जाती..सारी यादें दुहरा जाती।।

एक अरसे से चाह रहा हूँ

पढ़ना

तुम्हारे चेहरे की किताब

पलटते ही पन्नों को

आता है हवा का एक झोंका

लगता है जैसे

मेरे चेहरे पर फूँक मार रही हो तुम

अंदर पड़े फूल की सूखी पंखुड़ियों से

अब भी आ रही तुम्हारी खूशबू
अक्षर-अक्षर उड़ते हैं
मोहब्बत की दास्तां सुनाते हैं
कब से पढ़ रहा हूँ पन्ना दर पन्ना
पर कहाँ मुक्कमल हो पाता है
तुम्हारा चेहरा...

सुनो ना मेरी रजनीगंधा,

पता भी है तुम्हें, तुम्हारा न होना कितना खलता है...लगता है कोई मुंह चिढ़ा रहा हो..अधूरेपन का एक एहसास दिला रहा हो...एक बेकली, एक अंतहीन सूनापन जो अपने खालीपन से भरा हुआ है..तुम बिन अर्थहीन सा गुजरता है दिन.. सांझ ढलते आतुरता बढ़ जाती है.. रात है, बिस्तर है, नींद नहीं.. कभी लगता है आज रात मैं तमाम चाहनाओं से मुक्त हो जाऊंगा..मेरे अंदर एक ईश्वर जगेगा..जैसे सारी आपाधापी ..मन का विचलन सब थम जाएगा ..लेकिन तमाम कवायद से गुजरते, समय नहीं गुज़रता और आखिरकार गुज़र ही जाता है...एक एक दिन तुम्हारे इंतज़ार में जीते जाना ही जिंदगी है...हर इंतजार का भी एक हद होता है, पर मेरे लिए तुम्हारे इंतजार का कोई भी हद नहीं है...तुम आ जाओ बस इतना ही चाहता है ये नादान दिल...एक सम्मोहन सा है मेरे ऊपर तुम्हारा, दिन रात डूबता उतरता रहता हूँ तुम्हारे ही ख्यालों में...तो जिंदगी का हासिल क्या तुम्हारा इंतजार ही रह जाएगा..एक स्कूली बच्चे के छुट्टी की इंतजार की तरह...लौट आओ जीवन में कि मेरा इंतज़ार बूढ़ा हो रहा है अब...आखिर हम कहाँ उड़ेलें ये प्यार जो छलक रहा है मेरे दिल में बेशुमार तुम्हारे ही लिए तो..हर पल तुमको ही तो जीते हैं..आ भी जाओ कि हम तुमपे मरते हैं और कहां कुछ करते हैं..

तुम बिन

जुदा हो गई तू जिंदगी से मेरी
जिं◌ंदगी में फिर से आ वापिस
कि तेरी जुल्फों की छांव को तरसता हूँ..
जरा देख तो आकर हाल मेरा
आंखों में आसूं और होंठों पे मुस्कान
बेशुमार लिए फिरता हूँ..
तुझसे मिलने की आस दिल में है
तेरी एक झलक पाने की
दुआ बार-बार किया करता हूँ...
तेरे नाम से हूँ मैं बदनाम
तेरे इश्क में लगी आग से
मैं दिन रात जलता हूँ...
जीवन में मिली कड़ी धूप
से रहा झुलसता
तेरी जुल्फों की छाँव चाहता हूँ..

याद आती हो तुम

किसी को भूलना आसान क्यों नहीं है..क्यों याद आते हैं वो जो साथ नहीं है..कुछ तो होता है उन बीते गुजरे पलों में जो जेहन से फेवीकोल की तरह चिपक जाती है..कोई इतना प्यार में कैसे डूब जाता है जो किसी की यादों के सहारे जिंदगी गुजार लेने जैसा कठिन फैसला ले लेता है.. कहने को जिंदगी चार दिनों की है पर ये चार दिन अकेले कहाँ गुजरते हैं.. वो नहीं उनकी यादें सही कहना आसान है पर इस पर अमल करना उतना ही मुश्किल..अतीत को भूलना ही जिंदगी में खुशियाँ पाने का तरीका है.. पर जब किसी की यादें ही खुशियों का एकमात्र विकल्प बन जाए तो फिर ? दुनिया जिसे तन्हा समझ रही हो वो अपने प्रेम के सर्वोच्च शिखर पर होता है..भूलना-भुलाना तो बस एक वहम है..वो निकलता नहीं जो बस जाता है दिल में एक बार..तुम्हें भुलाने की कोशिशें भी तमाम नाकाम हो गईं हैं..तुम बिन जी तो रहा हूँ पर ये कोई जिंदगी नहीं है..

"उनकी यादों को भूल कर चैन से सोते,
काश मुहब्बत ने ये रहमोकरम हम पर भी की होती"

मेरी कल्पना तुम

किसी ने कहा अतीतजीवी होना अच्छा नहीं.. ऐसा तो स्त्रियाँ करती हैं जो अतीत के मोह से उबर नहीं पाती.. मायके से जुड़ी तमाम यादों से लेकर अपना पहला प्यार तक ...सब कुछ तो छुपा रहता है जीवन के आखिरी सांस तक उनके सीने में..पुरुषों को भला कहाँ रुचता है ये सब..वो तो मानो भूलो और आगे बढ़ो के सूत्रवाक्य पर ही चलते हैं..जिंदगी जैसे एक खेल है, जिसमें पीछे मुड़कर देखने की मनाही वाली शर्त जुड़ी हो..लेकिन सभी लोग एक से तो नहीं होते..कुछ चीजें को छोड़ दें पुरूषों के अंदर भी एक दिल रहता है जिसमें नाजुक भावनाओं की भरमार होती है.. उनके भी कोमल अहसास हैं.. मतलब कई मायने में स्त्रैण भाव भी अपने स्वाभाविक रूप में रहता है जो समाज के अनचाहे दबावों से दबकर निकल नहीं पाता.. पर ये विपरीत भाव कितना सुखद है वही जानता है जिसके अंदर ये जीता है.. किसी के प्रति प्यार में होना ,उसकी जिक्र फिक्र में दिन बीतना.. उसके साथ बीते पल संजोना.. यादों को उनकी सोच कर मुस्काना..चेहरा दिखे तो दिन संवरना..अदाओं पे उनकी जान लुटाना.. इन सारी बातों से सुख पाना.. एक अलग ही एहसास है ये तो..मैं भी तो डुबो चुका हूं खुद को तुममें, तुम्हारी याद में..काश दोहरा पाता उन सारे पलों को, फिर से तुम्हारे साथ और दुगुना होता मेरा

आनंद...पर तुम बिन ये बस एक कल्पना ही है जैसे..आओ ना मेरी कल्पना को हकीकत में बदलने..इंतजार कर रहा हूँ मैं तुम्हारा।।

तुम बिन
मैं अकेला हताश निराश
हो गया हूँ शांत
उस घायल पक्षी की तरह,
जो उड़ने को फड़फड़ाता है पंख
पर... उड़ नहीं पाता,
और हताश होकर
बैठ जाता है शांत ..
हर हलचल से
भंग होती मेरे तंद्रा
को लगता है
तुम आ रही हो
वापस मुझे जगाने
दुनिया से मिलाने..
आ रही हो ना तुम ?

मिलो ना तुम

बरसों पहले मेरे दिल का एक बंद कमरा खुला था तुम्हारी दस्तक से..सालों बाद भी आज लगता है जैसे मैं उसी चौखट पर खड़ा हूँ...पर बाहर नहीं निकल पाया आज तक..मेरी दुनिया सिमट कर रह गयी है इसी बंद कमरे में.. तुम्हारे प्यार के अलावा कुछ समझ ही नहीं आया मुझे ... सब कुछ तो था मेरे पास.. पर तुम्हें खोकर शायद कुछ बचा नहीं..लगता है भाग रहा हूँ मैं.. खुद से, जिंदगी से..तुम्हारे साथ न होने का गम शायद मेरे वजूद का हिस्सा सा हो गया है... हर रोज की एक ही ख्वाइश रह गई है.. फिर से तुम्हारा साथ पाने की...पर इन ख्वाहिशों का क्या है, कुछ पूरी होती हैं, कुछ टूट जाती हैं.. तुमसे इतर जिंदगी शायद मुमकिन होगी पर वैसी तो नहीं ही होगी जिसकी चाह थी हमेशा से..और इस अनचाही सी जिंदगी को अनमने से कब तक जीता रहूंगा मैं..तुम बिन जीना ही तो मुमकिन नहीं और आश्चर्य है कि फिर भी जिए जा रहा हूँ मैं,..
सुनो ना इस बार मिलना कभी न बिछड़ने के लिए.. मिलोगी ना ?

साथ रहकर दूर गयीं

पीछे छोड़ा

उदासी, सूनापन

तुम बिन

और फिर

एक लंबा इंतज़ार...

कई बार सोचा

दोनों में कौन

इसका जिम्मेदार..

फिर झटका खुद को

कैसे आया ये विचार..

तुम कहीं गयीं ही नहीं

तुम बस अभी आ रही हो

आ रही हो

करने मेरा जीवन साकार..

तकती राहों में

बरसों किया इंतजार

आओ ना कि अब

आकर फिर से करो

मुझे खुद से एकाकार..

तुम मैं और वो शाम

याद है सृष्टि पहाड़ कुरूवा में बिताई वो शाम..खुरच खुरच कर पहाड़ पर बनाए थे हमने प्रेम के निशान..हमारे ईश्क का इजहार करते वो तीन शब्द जिसके साक्षी थे मैं और तुम.. और चुप से खड़े कुछ अनगढ़ से लंबे पेड़..ऊँचाई पर से लगाई थी हमने साथ में आवाजें...तलाश में हूँ आज भी उन बोले हुए शब्दों की..सुना है लौट कर आती है आवाजें..लौट जाना चाहता हूं अतीत के पन्नों में..काश घुमा सकता वक्त का उल्टा पहिया..फिर से जी पाता उन लम्हों को दुबारा, जिन लम्हों में जी लिया था मैंने अपना जीवन सारा..तुम बिन जीवन तो है पर इसमें जिंदगी कहाँ है..ढूंढ तो रहा हूँ कब से पर मिलता कहाँ है..यूं ही भरमाने को, थोड़ा दिल बहलाने को, हकीकत नहीं तो ख्वाबों में ही सही पर आओ तो..मिलकर मुझसे फिर उन लम्हों को दुहराओ तो..बिना तुम्हारे जियूं मैं कैसे ये मुझको बतलाओ तो..हो गया इंतजार अब काफी लंबा, अब और ना सताओ ..बस तुम आ जाओ तो..।।

वो भी दिन थे..जब 'मैं' और 'तुम', "हम" थे...

और एक ये भी दिन है.."हम" अब 'मैं' और 'तुम' हो चुके हैं।

ईश्क में यादों के सिवा कुछ ना बचा है

ऐसे में तुम्हारी याद आती है तो

पता भी है तुम्हें

क्या करता हूं मैं ?

कुछ नहीं, कुछ भी तो नहीं

बस अपनी बंद आंखों से

तुम्हें महसूस कर लेता हूं खुद में,

धीरे से मुस्कुराता हूं ..और...

सोचता हूं मिलना-बिछड़ना,

नियति है,रीत है दुनिया की।

तुम्हारा इंतजार

याद है हमारा वो पहला मनमुटाव जब दोनों के बीच पसरा था तनाव और अपनी जगह बना रहा था मौन..उस दिन जब आफिस से लौटकर मैंने पानी पीने के लिए फ्रिज से बोतल निकाला और उससे गिलास में उड़ेल ही रहा था कि पीछे से तुम आईं.. मेरे हाथ से बोतल छीनकर खुद गिलास में पानी उड़ेला और मुझे दिया.. बाकी सब ठीक है पर तुम्हें अपने हाथों से पानी पिलाने का एक अलग सुख-सुकून है जो मैं तुम्हें खुद से छीनने नहीं दे सकती..बस इतना ही तो कहा था तुमने और हमारे बीच सब कुछ सामान्य हो गया था..आज भी सालों बाद पानी तो खुद से पीता हूँ पर प्यास बुझती नहीं.. लगता है तुम आओगी अपने हाथों मुझे पानी पिलाने.. अपना सुकून पाने..आ जाओ ना इंतजार अब लंबा हो रहा.."तुम बिन" जीवन का ये सफर अधूरा है..आओ ना कि तुमसे मिलकर ही इसे पूरा होना है..।।

जब याद तुम्हारी आती है

मुझको बड़ी सताती है

हर लम्हा तुम हो नहीं

बस यही बताती है

तुम बिन लगता है जैसे

तुम बिन

जीवन ये मेरा व्यर्थ रहा
ऐसे जीने का तुम ही
बोलो फिर क्या अर्थ हुआ
ह्रदय में उठती है एक हूक
और नैनों में बदली छाती है
कुछ भी तो ना भाता है
जब याद तुम्हारी आती है

मेरी सृजन

आज चाहता था तुम्हें शब्दों में उतारना, तुम्हें लफ्जों में गढ़ना, कोरे कागज पर तुम्हें शब्दचित्र में उकेरना,, सुबह से बैठा था इसी कोशिश में पर हो ना सका, तमाम प्रयासों के बाद भी , सुबह कब गुजर गयी, दोपहर कब आया, कब सांझ ढली कुछ पता ही नहीं चला.. रात गहरा गई पर शब्दों ने नहीं खोले अपने मायने, इतने कवायद पर भी नहीं पनप पाया कोई सृजन...शायद मेरे सृजन का आधार ही तुम हो और तुम्हारा प्यार..तुम साथ होती तो उतर आती मेरे अल्फाज बनकर,, रच देता तुम्हें मैं नज्म-दर-नज्म..भर देता रंगों की स्याही से सफेद कागज को,,जानता हूँ लौटना आसान नहीं, जिंदगी के सफर में तुम अभी कहाँ,कैसे और किसके साथ होगी नहीं मालूम मुझे, पर फिर भी है एक दरख्वास्त आओ कि शुरू करें फिर से कायनात का ये हसीन कारोबार, दुनिया जिसे ईश्क कहती है..मेरे कल्पना में भर दो नयी उड़ान, कि तुम बिन आकुल हैं मेरे प्राण..देने मुझे एक बार जीवदान..लौट आओ ना मेरी जान।।।

छटपटा रहा है प्रेम मेरा

मन हो रहा है विचलित

कि बह रहा है दर्द नस-नस में

तुम बिन

लगता है तुम यहीं हो

हो रहा है आभास की तुम्हीं हो

कह दो ना एक बार

कह ही दो ना

कि तुम हो...यहीं कहीं हो..

तुम बिन हूँ मैं अधूरा..

कितने दिन गुजर गए या कितने बरस गुजर गए.. याद नहीं अब तो..मगर तुम्हारी छुअन, स्पर्श, अनुभूति सब कुछ तो मौजूद है मेरे अंदर अब भी वैसे का वैसा.. मेरे रोएं भी जानते हैं तुम्हारा मुलायम स्पर्श.. मेरी नासिका तुम्हारी खूशबू से अब भी भरी हुई है.. तुम जैसा चाहती थी मैंने खुद को बदल लिया है.. तुम्हारे अनुरूप ढल गया हूँ... उंगलियों के जलने तक सिगरेट का आखिरी कश लगाने वाला कब का सिगरेट पीना भूल चुका है.. मेरी अंगुलियां तुम्हारे घने केशों में फिरना चाहते हैं.. तुम्हारे मासूम चेहरे पर बार-बार आनेवाले जुल्फों की लटें हटाना चाहते हैं... मेरी आंखें तुम्हें जी भर के देखना चाहती हैं.. मैं देना चाहता हूँ तुम्हें अपनी सारी संवेदनाएं, ख्वाहिशें और खुशियाँ.. प्रेम का एक अदृश्य महीन धागा भी गर है हमारे बीच तो उसकी कसम..आ जाओ ना एक बार मुझसे मिलने.. लौटा दो ना मुझको मुझमें..तुम बिन हूँ मैं अधूरा..आओ ना आकर फिर से जीवन में कर दो ना मुझे पूरा..।।

तुम थी जीवन था
हँसी थी खुशी था
दर्द कहते हैं किसे

तुम बिन

मुझे ना पता था
जिंदगी गुलजार थी
रवानी थी बहार था
तुम हो नहीं
जीवन फिर भी है
पर जीना कहते हैं किसे
मुझे याद नहीं है
दर्द है तन्हाई है
अस्तित्व की लड़ाई है..

मेरी जिंदगी हो तुम

वो एक दिन तुमने कहा था मुझसे अगर मैं ना ही रहूं तो क्या फर्क पड़ता है तुम्हारी जिंदगी में... सच में क्या सच्ची किसी एक के रहने ना रहने से कोई फर्क नहीं पड़ता.. क्या कोई किसी की जगह ले सकता है जिंदगी में जैसे रिप्लेसमेंट हो जाता है किसी सामान का..क्या इतना आसान है जीवन कि किसी से हुए जुड़ाव को ,किसी के प्रति महसूस करती भावनाओं को सहजता से किसी और के साथ बदला जा सकता है.. काश ऐसा होता तो सचमुच जीना आसान होता.. पर जिसके लिए पूरी दुनिया तुम ही हो,,तुम्हीं से शुरू और तुम पर ही खत्म होती हो जिसकी दुनिया.. जिसकी जिंदगी का जीवन हो तुम उसकी दुनिया तो वीरान ही रहेगी ना बगैर तुम्हारे.. सुन रही हो मेरी जिंदगी ..मेरी बेजान धड़कन की जान..अंदाजा भी है तुमको या अहसास है तुम्हें की जिसके लिए पूरी कायनात थी तुम वो भला कैसे जी पा रहा है तुम्हारे बिना..हर गुजरते पल,बीतते दिन के साथ तुम्हारी इंतजार और प्रतिक्षा में तिल-तिल घुट रहा हूँ मैं.. आओ और उबार लो मुझे , लौटा दो मेरी जिंदगी वापस मुझमें.. मैं तो कब का खत्म हो गया मुझमें पर तुम अब भी बाकी हो मुझमें अपनी सम्पूर्णता से..

तुम बिन

वो कहते हैं कभी और, कभी और होता नहीं.......

दिल भी तो है नादान उनके सिवा

कभी और रोता नहीं......

हम मांगते हैं एक सांस, एक धड़कन, एक निगाह.......

वो कभी और दे जाते हैं,

पर ये कम्बख्त कभी और....... कभी और होता नहीं......!!

कबूतर का वो जोड़ा

सुबह सवेरे छत पर आया था कबूतर का वो जोड़ा, देर तक चोंच से चोंच लड़ाते रहे, गुटरगूं करते रहे दोनों फिर अचानक से उड़ गए पर अलग-अलग दिशाओं में,,,याद नहीं आता मुझे पहले कब ऐसा देखा था.. पर बहुत ही शिद्दत से याद आ रही है तुम्हारी.. जाने क्यों..तुम बिन तन्हा है जिंदगी..बड़ी कठिन हो गई है ये जिंदगी की जद्दोजहद और लड़ाई...बर्दाश्त अब और होता नहीं तुमसे ये जुदाई..आओ कि आकर दूर कर दो ये तन्हाई..

मुंदे हैं नयन
पर तुम्हें देखना है
स्पर्शानुभूति से हूँँ वंचित
पर तुम्हें छूना है
थमी हैं धड़कन
पर तुम्हें महसूसना है
कैसी अजीब चाहना है मेरी
तुम हो नहीं कहीं
पर तुमको पाना है...

कहना है तुमसे

याद है मेरी हमनवां वो मेरी पहली विदेश यात्रा.. इन्फोसिस में मेरी जॉब और कुछ ही महीने के भीतर अमेरिका जाने का अवसर..एयरपोर्ट तक आई थी तुम..कितनी तरह की हिदायतें.. अच्छे से रहना,, कोशिश कर भारतीय भोजन ही करना,, रोज फोन करना,, और खबरदार जो किसी पर दिल फिसलाया तो,,कहते कहते अचानक भर्रा गया तुम्हारा कंठ और मुझसे गले मिल रो पड़ी तुम..अरे पगली तुमने ऐसा सोच भी कैसे लिया.. मैं अपने अस्तित्व के लिए लड़ता एक अदना सा आदमी, तुम जो मेरे अस्तित्व की हस्ताक्षर बन आई मेरे पास..तुम जिसकी समझ,संवेदना और उदारता से कितना कुछ सीखा और समझा मैंने...तुम जिसकी आवृति से निरावृत न हो सका मैं..तुम जिसकी ओजस्विता और तेज मुझमें मानो प्रस्फुटित हो गए हैं..तुम जिसकी आँखों में खुद को देखकर आत्मिक संतुष्टि प्राप्त करता हूँ मैं..जिसके सानिध्य मात्र से मेरी हर तरह की अशांति, परेशानी मुझसे कोसों दूर हो जाती है..इस भौतिक संसार में मेरे सुख की सबसे बड़ी स्रोत.. तुमसे ही हूँ मैं और तुम फिर कभी ऐसा मत सोचना.. बस इतना ही कहना था

आकर कभी मुझसे मिल

ये बेसब्र सा दिल

बस तेरे लिए

तुमसे मिल मैं जाऊं खिल

ये बेसब्र सा दिल

बस तेरे लिए

तुझी से रौशन, तुम्हीं से झिलमिल

ये बेसब्र सा दिल

बस तेरे लिए

तुमसे ही हूँ मैं कामिल

ये बेसब्र सा दिल

बस तेरे लिए

जिंदगी में मेरे तुम हो शामिल

ये बेसब्र सा दिल

बस तेरे लिए

जाने कहाँ हो तुम

अरसा गुजर गया तुम्हें देखे हुए पर आज भी नहीं भूल पाता हूँ तुम्हारी आखों और उन दो आँँखों की चमक को..तुम्हारी होठों पर तैरती उस मुस्कान को जिसकी एक झलक को मन बावरा हुआ जाता था.. पुख्ता यकीन है कि उन आखों में आज भी वही चमक और होठों पर वही मुस्कराहट तैरती होगी..भले ही उसका कारण अब मैं नहीं हूँगा..तुम्हारी कमाल सी शख्सियत अब भी सम्मोहक ही होगी,, तुम्हारे आकर्षण से निकलना किसी के लिए अब भी मुश्किल ही होगा.. क्यों इतना सोचता हूँ मैं ,क्यों नहीं बाहर निकलना चाहता हूँ तुम्हारे दायरे से.. चाहकर भी नहीं निकल सकता या तुम्हारे अलावा कुछ सोचना ही नहीं चाहता.. क्या हकीकत क्या फसाना है पता नहीं..बस एक दरख्वास्त है आना जरूर मेरे आखिरी सांस के समय..तुम्हें देख शायद मैं सुकून पाउं और मेरी डूबती साँसों को मिले उनका पसंदीदा ठिकाना.. मेरी साँसें मुझे छोड़कर तुममें मिल जाए और तुम महसूस कर पाओगी एक बार फिर से मुझे और मेरे प्रेम को..

ना हो तुम
फिर भी तुम ही तुम हो
बहुत बेचैन करता है

तुम बिन

ये ना होकर भी तुम्हारा होना
मेरी नींद में है ख्वाब तुम्हारे
जेहन में हैं ख्याल तुम्हारे
कैसे कह दूँ तुम हो नहीं हमारे
मेरा रोम रोम पुकारे
आ भी जाओ प्राण हमारे..

सुनो ना सुनो ना,सुन लो ना

ऐ सुनो ना

पता भी है तुम्हें,तुमसे मिलने को किस कदर चाहता है ये दिल,कभी कभी तो इतना तलबगार हो उठता हूं कि खुद ही सोच में पड़ जाता हूं..आखिर मुझे हुआ क्या है..ये कोई बीमारी तो नहीं है। किसी भी शख्स की इतनी तलब जीवन में उस शख्स की अहमियत को बताता है। अपनी तमाम मसरूफियत के बाद भी तुम्हारी मौजूदगी को इस तरह महसूसता हूं जैसे तुम मेरे साथ ही हो। याद है उस दिन पार्क के उस कोने वाले बेंच पर किसी बात पर खिलखिला कर हँसी थी तुम.. और मैंने कहा था...'हँसते हुए कितनी अच्छी लगती हो तुम...हँसती रहा करो.।

और हाँ एक वो भी दिन आया था मोहब्बत में हमारी जब नामालूम किस बात से दिल दुखा था तुम्हारा और अकेले में ही आँसू बहा रही थीं तुम..संयोग से या विधी के विधान से पता नहीं पर तभी मैं पहुंचा था वहाँ.. वैसे तो मुझे तुमको चुप कराने की कोशिश करनी चाहिए थी.. पर तुम्हारी आँखों को देखता न जाने कहाँ खो गया मैं और कह उठा तुमसे कि तुम्हारी रोती हुयी आँखें सबसे अलहदा और गजब की खूबसूरत लगती हैं'... ये कहना चाहिए था कि नहीं ये मसला तो अपनी जगह है ही...पर मेरी इस बात पर ओ मासूम तुम तो दिल थाम

के रह गयी थी...हँस ही तो दी थी तुम..। खैर इन सबके बाद भी जितना समय गुजरा हमारे रिश्ते को उस अरसे में मैं हँसाने की कोशिश करता रहा तुम्हें पर तुम रोई ज्यादा..क्यों आज तक नहीं पता.. मुझे तुम पसंद थी ,तुम्हारा साथ पसंद था, मालूम है क्यों? क्योंकि तुममें ही तो बसते थे मेरे प्राण, तुम पर था मैं दिलों जान से कुर्बान.. ओ बिखरे काजल वाली लड़की नादान..सुनो, किसी रोज यकायक आ जाओ तुम करने मुझको हैरान..।

जिंदगी के एक मोड़ पर करूं मैं तुम्हारा इंतज़ार

जानता हूँ मैं
तुम्हें पसंद हैं चूड़ियाँ
लाल पीली हरी नीली
हर रंग की चूड़ियाँ
जहाँ भी देखता हूँ चूड़ियों की दुकान
जी चाहता है सारी खरीद लूँ
तुम्हारे लिए
मगर तुम होतीं नहीं
ना मेरे साथ ना मेरे पास
खरीद लेता हूँ नाम से तुम्हारे

छनकाता हूँ उन्हें
लगता है जैसे सुन रही हो तुम
और
चुपके से कानों में मेरे
कहती हो तुम
चूड़ियाँ बहुत पसंद हैं मुझे..